EASY GERMAN WORD GAMES & PUZZLES

Susanne Ehrlich

Printed on recyclable paper

PASSPORT BOOKS
a division of *NTC Publishing Group*
Lincolnwood, Illinois USA

1994 Printing

Published by Passport Books, a division of NTC Publishing Group.
©1991 by NTC Publishing Group, 4255 West Touhy Avenue,
Lincolnwood (Chicago), Illinois 60646-1975 U.S.A.
Manufactured in the United States of America.

3 4 5 6 7 8 9 VP 9 8 7 6 5 4 3

Introduction

Puzzles and word games offer a double advantage to all students of a foreign language: they are instructive as well as being fun. *Easy German Word Games & Puzzles* has been specially designed to test your knowledge of German vocabulary and spelling in ways that will both challenge and amuse you. And, as this book helps you learn, it may very well uncover a great deal of knowledge you never knew you had!

The 66 games in this collection include *Anagramme, Treppen, Labyrinthe, Wortkreuze, Wortrechnungen, Buchstabenzahlen,* and *Wortbogen* that deal with specific areas of vocabulary, such as clothing, telling time, animals, and months of the year. Each puzzle format focuses on different aspects of your German spelling and word skills, while adding to the variety and enjoyment this book provides.

Work through this book by yourself or with others. Either way, *Easy German Word Games & Puzzles* will bring you hours of pleasure along with a great deal of valuable German-language experience. And remember, if you should have any difficulty with a puzzle clue, complete solutions have been provided for you at the back of the book.

Inhalts

Anagramm 1

1. THRISSEBHCIC

der *Schreibtisch*

Diese Buchstaben bilden ein deutsches Wort.

2. TLUHS

der *Stuhl*

3. LFTAE

die _____

Die sieben Wörter in diesem Spiel gehören alle zu einer Kategorie.

4. HECLRUS

der _____

Die Kategorie hier z.B. ist "Das Klassenzimmer"

5. REKIABROPP

der _____

6. HEAFN

die _____

7. RELKANTAD

die _____

② Anagramm

1. H S C I T

der _____

2. D I B L

das _____

3. C P T P E I H

der _____

4. R I E A T H N C

die _____

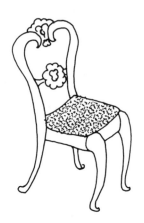

5. A M P E L

die _____

6. N E R V H O G Ä

die _____

7. L E E S S S

der _____

Anagramm ③

1. F I T E B T I S L

der _____

2. C E H U H L R B

das _____

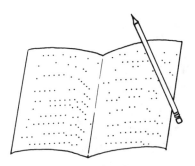

3. F H T E

das _____

4. E D R F E

die _____

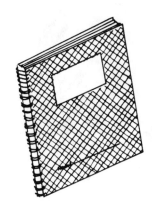

5. I P E R A P

das _____

6. D R E I E K

die _____

7. L U I K

der _____

④ Anagramm

1. EULBS

die _____

2. EDHM

das _____

3. ONEHS

die _____

4. KRCO

der _____

5. ZGNAU

der _____

6. SLHSPCI

der _____

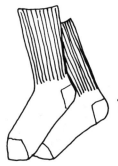

7. HUHCS

der _____

Anagramm 5

1. TNMAO

der _____

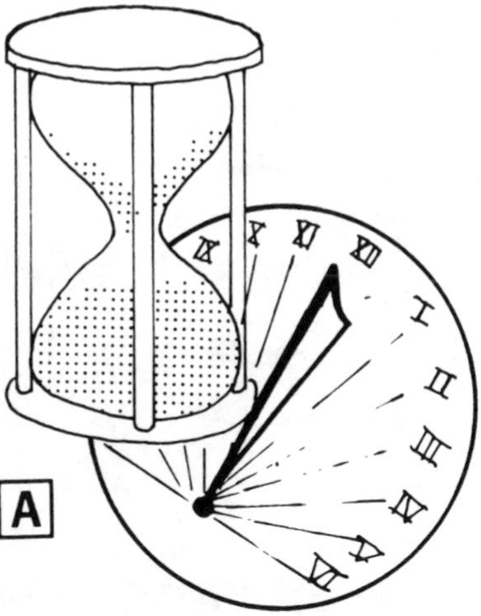

2. AMUTD

das _____

3. RENELKDA

der _____

4. DHRNRAUBMA

die _____

5. ESUDNT

die _____

6. AHRJ

das _____

7. NEITUM

die _____

⑥ Anagramm

1. F Ö E F L L

der _____

2. E S T S A

die _____

3. T E E S T I R E V

die _____

4. S L G A

das _____

5. B E L G A

die _____

6. E S E R M S

das _____

7. E R L E T L

der _____

Anagramm [7]

1. S E C F H I L

das _____

2. E U P S P

die _____

3. O T E R T

die _____

4. O R F T L F A E K

5. T A L S A

die _____

der _____

6. B T S O

das _____

7. E E S M G Ü

das _____

8 Anagramm

1 **ODMN**

der _____

2 **NEOSN**

die _____

3 **NLDA**

das _____

4 **EREM**

das _____

5 **REED**

die _____

6 **NESRT**

der _____

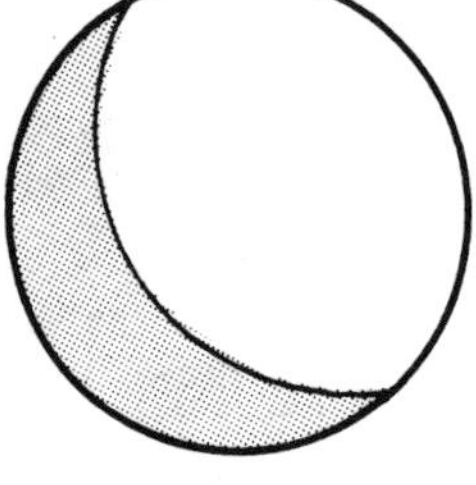

7 **ALTPNE**

der _____

Anagramm

1 E C I H R K S

die _____

2 F P L A E

der _____

3 E A O M T T

die _____

4 R H Z E

das _____

5 S O E R

die _____

6 K A S I E B C T N

der _____

7 E D E R E B R E

die _____

Treppen

Die Wörter in diesen Treppen gehören alle zu einer Kategorie. Die Kategorie hier z.B. ist „Tage der Woche."

→ **Tage der Woche**

Beginne mit dem geschriebenen Wort oder Buchstaben!

→ D i e n s t a g ←

Zähle die Felder einer Treppe und schreibe das richtige Wort hinein, einen Buchstaben in jedes Feld!

D
O
N
N
E
R
S
T
A
G

← Die Namen von drei Tagen haben sieben Buchstaben, aber nur ein Tag ist richtig in dieser Treppe.

Treppen

Zahlen:
1 bis 10

6 bis 10 ?

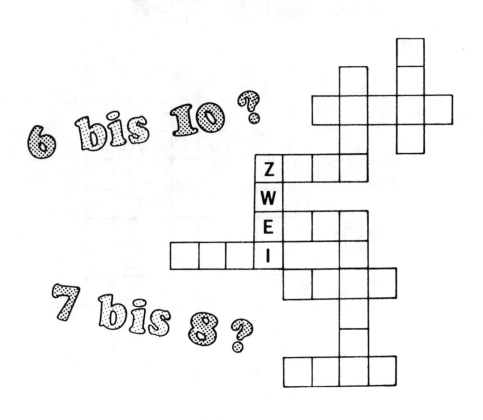

7 bis 8 ?

2 bis 9 ?

12 Treppen

Zahlen:

11 bis 20

17?

18?

19?

S E C H Z E H N

Treppen

Zahlen:

mit zehn

N
E
U
N
Z
I
G

Treppen

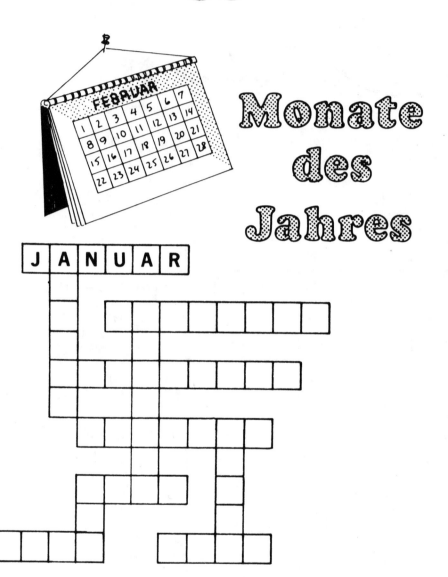

Monate des Jahres

J A N U A R

Treppen

Farben

ORANGE

Treppen

Jungennamen

Treppen

Mädchennamen

Treppen

Tiere

Treppen

Weihnachten

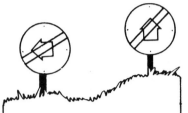

Finde den Satz! Der Satz fängt in dem linken Feld oben an und endet in dem rechten Feld unten.

Nur ein Satz ist ganz richtig und sinnvoll.

Anfang →

D	I	E	S	E	W	E	I	C	H
I		E		L					E
E		D		T					N
F	R	A	U	E	N	W	I	R	D
E		I		A					I
I		M		S					M
N	N	Ü	D	I	C	K	R	E	M
S		I		L					N
T		E		E					E
E	N	I	S	T	E	I	N	E	R

→ Ende

SATZ:

Die Frauen wird ~~einer~~ Die Frau ~~im~~ ~~dies~~ ~~Die feinsten ist~~

_____

Anfang →

A	U	F	E	R	D	E	U	N	S
N	■	■	I	■	■	T	■	■	E
T	■	■	N	■	■	I	■	■	R
W	A	V	E	R	S	E	H	R	E
O	■	■	N	■	■	I	■	■	S
R	■	■	S	■	■	N	■	■	H
T	H	E	T	S	S	E	S	U	A
E	■	■	I	■	■	H	■	■	R
I	■	■	E	■	■	A	■	■	T
N	A	P	F	E	L	B	A	U	M

Ende ↑

SATZ:

_____

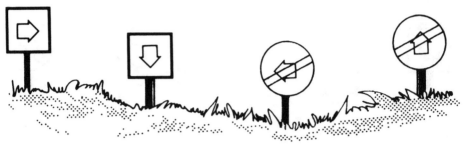

Anfang →

Ⓖ	I	B	E	I	N	B	U	C	H
O			T		E				F
E			S		R				Ü
T	H	E	I	S	T	Ü	B	E	R
E			S		H				A
N			T		M				L
T	U	E	D	R	E	T	E	S	L
S			A		E				E
C			S		S				S
H	E	R	D	I	C	H	T	E	Ⓡ

Ende ↑

SATZ:

_____

Labyrinth

Anfang →

Ⓘ	C	H	F	E	I	E	R	N	I
M			R			G			N
W			I			R			D
I	E	S	E	N	W	I	N	D	I
N			R			L			E
T			H			L			B
E	R	F	A	I	L	I	N	I	E
R			U			C			R
K			S			H			G
A	N	N	I	C	H	G	E	H	Ⓔ

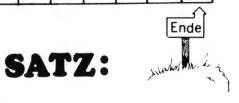

Ende ↑

SATZ:

_____

Labyrinth

Anfang →

Ⓚ	E	I	N	E	R	S	C	H	A
N			B			P			U
I			A			I			T
E	I	W	L	E	G	E	L	T	S
M			L			L			O
E			A			T			G
I	S	T	B	S	S	U	F	T	U
N			E			T			T
F			I			K			E
R	E	U	N	D	K	L	A	U	Ⓢ

SATZ:

Ende

Labyrinth

25

Anfang

J	E	N	E	H	A	U	S	D	E
A			F		A				U
I			R		T				T
M	I	U	A	U	I	M	W	E	S
S			U		M				C
C			I		O				H
H	Ö	N	S	T	E	K	Ü	H	L
W			T		D				A
A			I		I				N
R	Z	E	N	K	L	E	I	N	D

Ende

SATZ:

_____ .

26 Labyrinth

Anfang

D	E	I	N	F	R	I	E	N	D
I		E			R				A
E		S			E				U
S	O	M	M	E	R	F	A	R	E
E		A			F				R
S		N			O				N
C	H	Ö	N	E	N	H	C	I	N
H		E			T				A
A		S			L				S
R	E	I	C	H	L	A	N	G	E

Ende

SATZ:

_____

Labyrinth

Anfang

F	R	E	I	Ü	B	E	R	S	E
U			T		R				I
H			A		S				N
R	E	D	G	L	I	E	L	T	E
D			S		S				N
R			T		T				G
E	I	Z	E	L	T	G	E	R	L
I			H		N				Ü
Z			N		I				C
E	H	N	T	E	B	R	Ü	C	K

Ende

SATZ:

_____

Wortkreuz

A Ä A Ä Ä C E E E E
F G H I K L N N
S S S U Ü Z

Oben sind alle Buchstaben der 12 Wörter.

In diesem Kreuz stehen 12 Wörter. Jedes Wort hat 5 Buchstaben.

Wenn du ein neues Wort in das Kreuz schreibst, streiche die gebrauchten Buchstaben durch!

Die Wörter gehen immer von links nach rechts oder von oben nach unten.

L A N G E
R   N
R   G
      E
D N E   L U T
R   S
H I S   K C E
    T   E
    E S N

Wortkreuz 29

A C C E E E E E

G G H H I I I

L L M R R T T T

	S		E		N			
	Ü				C			
G	Ü	K			T	U	R
I							I
E	S	E			T	I	E
	L				Ä		
	N	C			T		

Wortkreuz

A A Ä E E E E E E

E E E E F I I

M N Ö R R T T U Ü

B	U		E
I			S

S	O	F		N	T	R

| E | | | | | | B |

| N | T | G | | L | S | N |

| | N | | | G | |
| | U | T | | N | |

Wortkreuz 31

Letters available:

A B C I L M N N
O P R R R R R R S
T T T U U U W

Grid letters:

```
          S   P   E
              A   K
K   A   K       G   O   S
E                       U
Z   Ö   F       S   N   E
          H         A
          T   A   M
```

32 Wortkreuz

A A D E E E E E E

H H I I R R S S

T T T U U U

Wortkreuz 33

A A A A   C E E E G

H I I I   K O O O

R R S   T T   U U

	W		H		N	
	W				N	
	R				D	
K	S	E			L	N	E
G							B
L	T	R			S	C	E
	U				C	
	H		A		E	

34 Wortkreuz

A A Ä E E E E E E

H I I L M N N

R S S S T T T

		V		E		E			
		T				K			
U	T	R				L	I	E	
R								W	
N	H	E			G	U	S		
		N			S				
		T	N	E					

Wortkreuz 35

A A A B C D

E E E E E E E E E E

H I N Ö P U Ü Z

		J		T		T		
		D				S		
A	L	R		H		H	H	R
E								I
D	F	R		P		P	P	E
		G		D				
		N		G		L		

Wortkreuz

A A A   E E E E   G I

K K   L   M   N N   R R R

S S   T T   U   W

P	A		Z
U			E

G		R	E			G	U		D
E									C
S		U	M			F		H	E

L		I
R		I	E

Wortkreuz 37

A C E E E E E E

E E H I I I L L

O O O Ö S T Ü

38 Wortrechnung

Welche Wörter stellen die Bilder dar?

Nimm die Buchstaben des zweiten Wortes vom ersten Wort weg und schreibe den übriggebliebenen Buchstaben rechts hin!

1. B R O T − R O T = B

2. R A S E N − N A S E = R

3. _ _ _ _ − _ _ _ _ = ? _ _ _ _

4. _ _ _ _ − _ _ _ _ = ? _ _ _ _

5. _ _ _ _ − _ _ _ _ = ? _ _ _ _

6. _ _ _ _ − _ _ _ _ = ? _ _ _ _

Die Buchstaben rechts formen ein Wort, das auf die Fragen unten antwortet.

Welche Stadt?

Wortrechnung 39

?	Englisch	
?	Deutsch	
?	Geschichte	
?	Mathematik	

1. _ _ _ _ _ _ — _ _ _ _ _ = _ _ _ _ _ _

2. _ _ _ _ _ _ — _ _ _ _ _ = _ _ _ _ _ _

3. _ _ _ _ _ _ — _ _ _ _ _ = _ _ _ _ _ _

4. _ _ _ _ _ _ — _ _ _ _ _ = _ _ _ _ _ _

5. _ _ _ _ _ _ — _ _ _ _ _ = _ _ _ _ _ _

6. _ _ _ _ _ _ — _ _ _ _ _ = _ _ _ _ _ _

Welche Zahl?

1. _ _ _ _ _ _ _ — _ _ _ _ _ = _ _ _ _

2. _ _ _ _ _ _ — _ _ _ _ _ = _ _ _ _

3. _ _ _ _ _ — _ _ _ _ _ = _ _ _ _

4. _ _ _ _ _ — _ _ _ _ = _ _ _ _

5. _ _ _ _ _ — _ _ _ _ = _ _ _ _

6. _ _ _ _ _ — _ _ _ _ _ = _ _ _ _

Was für Wetter?

Wortrechnung 41

1. _ = _ _ _ _ _

2. _ = _ _ _ _ _

3. _ = _ _ _ _ _

4. _ = _ _ _ _ _

5. _ = _ _ _ _ _

6. _ = _ _ _ _ _

Was für ein Tier?

Wortrechnung

1. _ _ _ _ _ _ _ _ _ _ _ — _ _ _ _ _ _ _ _ _ _ = _ _ _ _ _

2. _ _ _ _ _ _ _ _ _ _ _ — _ _ _ _ _ _ _ _ _ _ = _ _ _ _ _

3. _ _ _ _ _ _ _ _ _ _ _ — _ _ _ _ _ _ _ _ _ _ = _ _ _ _ _

4. _ _ _ _ _ _ _ _ _ — _ _ _ _ _ _ _ _ _ _ = _ _ _ _ _

5. _ _ _ _ _ — _ _ _ _ _ _ _ _ _ _ = _ _ _ _ _

6. _ _ _ _ _ — _ _ _ _ _ _ _ _ _ = _ _ _ _ _

Welcher Mädchenname ?

Wortrechnung

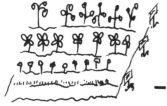  —

1. _____ _____ = _____

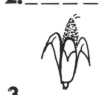 —

2. _____ _____ = _____

 —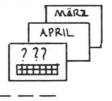

3. _____ _____ = _____

 —

4. _____ _____ = _____

 —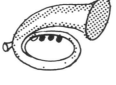

5. _____ _____ = _____

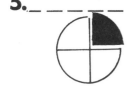 —

6. _____ _____ = _____

Welcher Jungenname?

Wortrechnung

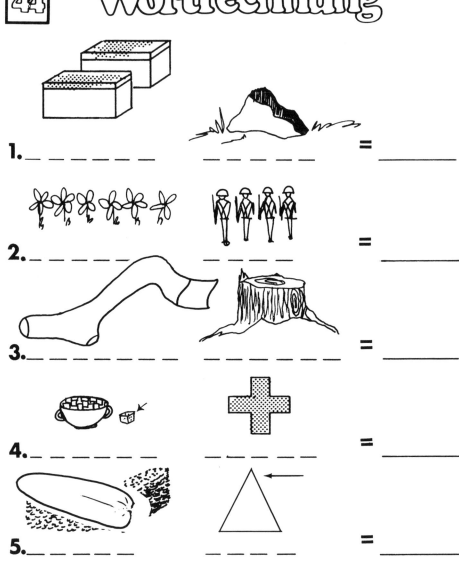

1. ___ ___ ___ ___   ___ ___ ___   = ___ ___ ___

2. ___ ___ ___ ___   ___ ___ ___   = ___ ___ ___

3. ___ ___ ___ ___   ___ ___ ___   = ___ ___ ___

4. ___ ___ ___ ___   ___ ___ ___   = ___ ___ ___

5. ___ ___ ___ ___   ___ ___ ___   = ___ ___ ___

6. ___ ___ ___ ___   ___ ___ ___   = ___ ___ ___

Was für ein Gebäude?

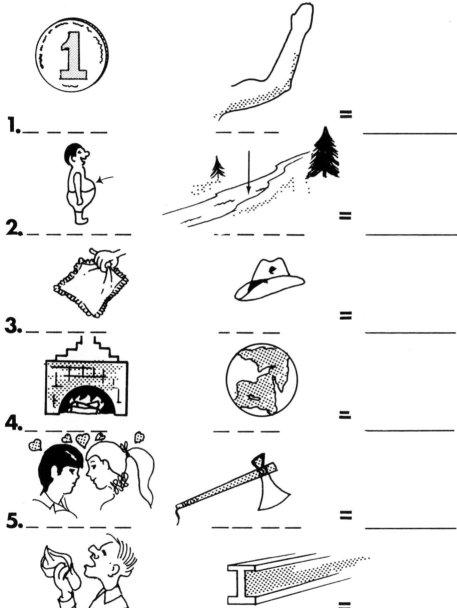

1. __ __ — __ __
2. __ __ __ __ — __ __ = __ __ __
3. __ __ __ — __ __ = __ __
4. __ __ — __ __ = __ __
5. __ __ — __ __ = __ __
6. __ __ — __ __ = __ __

Was für Essen?

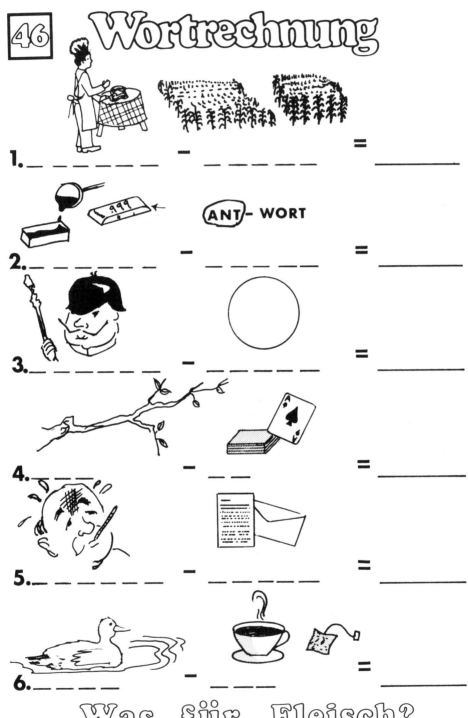

46 Wortrechnung

1. __ __ __ __ __ − = __ __ __ __ __

ANT - WORT

2. __ __ __ __ __ − = __ __ __ __ __

3. __ __ __ __ __ − = __ __ __ __ __

4. __ __ __ __ __ − = __ __ __ __ __

5. __ __ __ __ __ − = __ __ __ __ __

6. __ __ __ __ __ − = __ __ __ __ __

Was für Fleisch?

Wortrechnung

1. _ _ _ _ _ _ — _ _ _ _ _ _ = _ _ _ _ _ _ _

2. _ _ _ _ _ _ — _ _ _ _ _ _ = _ _ _ _ _ _ _

3. _ _ _ _ _ _ — _ _ _ _ _ _ = _ _ _ _ _ _ _

4. _ _ _ _ _ _ _ _ _ _ _ = _ _ _ _ _ _ _

5. _ _ _ _ _ _ — _ _ _ _ _ _ = _ _ _ _ _ _ _

6. _ _ _ _ _ _ — _ _ _ _ _ _ = _ _ _ _ _ _ _

Welches Zimmer?

Wortrechnung

1. _____ − _____ = _____

2. _____ − _____ = _____

3. _____ − _____ = _____

4. _____ − _____ = _____

5. _____ − _____ = _____

6. _____ − _____ = _____

Was für Möbel?

Wortrechnung

1. _ _ _ _ _ _ _ — _ _ _ = _____

2. _ _ _ _ _ — _ _ _ = _____

3. _ _ _ _ — _ _ _ _ = _____

4. _ _ _ _ — _ _ _ = _____

5. _ _ _ _ _ — _ _ _ = _____

Welcher Verwandte?

Buchstabenzahlen

	1	2	3	4	5	6
1.	M	O	R	G	E	N

	7	8	5	6	9
2.	A	ß	e	n	D

Alle sieben Wörter des Spiels gehören zu dieser Kategorie.

	1	10	11	11	7	4
3.	m					g

Jeder Buchstabe hat eine Zahl z.B. „6" hat Nummer 4.

	6	7	12	13	11
4.	n				

Schreibe jeden Buchstaben unter seine Zahl! Dadurch kannst du dann die anderen Wörter finden.

	13	5	14	11	5
5.		e			e

	4	5	15	11	5	3	6
6.	g	e			e		n

Die Bilder unten zeigen die Kategorie

	16	5	11	17	11
7.		e			

Buchstabenzahlen

	1	2	3	4		
1.	**W**	**I**	**N**	**D**		
	___	___	___	___		

	5	6	7	6	3	
2.	___	___	___	___	___	

	8	9	2	10	11	
3.	___	___	___	___	___	

	4	12	3	3	6	5
4.	___	___	___	___	___	___

	13	14	15	3	6	6
5.	___	___	___	___	___	___

	1	12	9	16	6	
6.	___	___	___	___	___	

	6	2	13	
7.	___	___	___	

	1	2	3				
1.	R	A	D				

	2	4	5	6			
2.	—	—	—	—			

	7	8	9	10	11	11	
3.	—	—	—	—	—	—	

	2	4	5	6	12	4	7
4.	—	—	—	—	—	—	—

	13	4	14
5.	—	—	—

	11	15	4	14	13	16	4	14
6.	—	—	—	—	—	—	—	—

	12	4	7
7.	—	—	—

Buchstabenzahlen 53

	1	2	3	4	5
1.	**L**	**A**	**D**	**E**	**N**

2.

6	7	5	8
—	—	—	—

3.

9	10	11	4	10	9
—	—	—	—	—	—

4.

6	7	13	14	15	4
—	—	—	—	—	—

5.

15	8	16	4	1
—	—	—	—	—

6.

17	8	11	16
—	—	—	—

7.

13	2	16	15	2	10	11
—	—	—	—	—	—	—

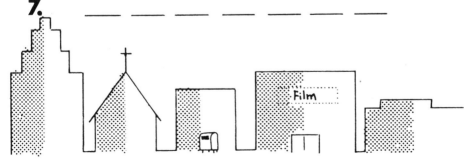

Film

54 Buchstabenzahlen

1.

1	2	3	4	5
M	I	L	C	H

2.

6	7	8	8	9	10
—	—	—	—	—	—

3.

11	9	9
—	—	—

4.

12	7	13	13	9	9
—	—	—	—	—	—

5.

8	7	14/3	11
—	—	—	—

6.

15	2	9	10
—	—	—	—

7.

6	9	2	16
—	—	—	—

Buchstabenzahlen 55

	1	2	3	4
1.	**K**	**O**	**P**	**F**
	5	6	7	8
2.	___	___	___	___
	9	10	8	11
3.	___	___	___	___
	1	8	7	6
4.	___	___	___	___
	8	10	12	6
5.	___	___	___	___
	9	10	13	12
6.	___	___	___	___
	9	10	10	14
7.	___	___	___	___

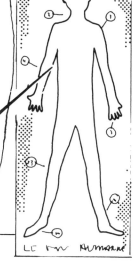

56 Buchstabenzahlen

	1	2	3	4	5
1.	V	A	T	E	R

1. V A T E R

3 2 6 3 4

2. __ __ __ __ __

1 4 3 3 4 5

3. __ __ __ __ __ __

7 6 8 4 9

4. __ __ __ __ __

10 5 11 12 4 5

5. __ __ __ __ __ __

13 11 3 3 4 5

6. __ __ __ __ __ __

8 11 15 16 6 4

7. __ __ __ __ __ __

Buchstabenzahlen 57

	1	2	3	4	5	6	7
1.	Z	E	I	T	U	N	G

8	9	10	4	11	12	13	4	2

2. __ __ __ __ __ __ __ __ __

14	13	3	2	15

3. __ __ __ __

14	5	17	18

4. __ __ __ __

18	2	15	4

5. __ __ __ __

19	2	20	3	11	9	6

6. __ __ __ __ __

1	2	3	4	10	17	18	13	3	15	4

7. __ __ __ __ __ __ __ __ __ __ __

58 Buchstabenzahlen

	1	2	3	4
1.	B	E	R	G

	1	5	6	7	
2.	—	—	—	—	

	8	9	6	10	10
3.	—	—	—	—	—

	11	2	10	12
4.	—	—	—	—

	4	3	5	10
5.	—	—	—	—

	13	14	2	15	4
6.	—	—	—	—	—

	16	8	9	5	11	13	2
7.	—	—	—	—	—	—	—

	1	2	3	3	4	5
1.	T	E	N	N	I	S

	6	7	8	9
2.	___	___	___	___

	9	10	5	5	11	12	8	8
3.	___	___	___	___	___	___	___	___

	13	7	14	11	11	12	8	8
4.	___	___	___	___	___	___	___	___

	15	12	3	16	11	12	8	8
5.	___	___	___	___	___	___	___	___

	13	2	6	2	8	3
6.	___	___	___	___	___	___

	9	8	10	6	11	12	8	8
7.	___	___	___	___	___	___	___	___

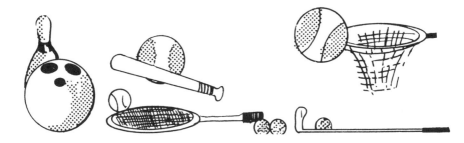

60 Wortbogen

ALSOLANGERATHAUSWANDERNST

Wieviele Wörter kannst du in diesem Bogen finden?

Geh nur von links nach rechts und benutze die Buchstaben in der Reihenfolge wie auf dem Bogen!

Du kannst dasselbe Wort noch einmal schreiben, wenn es eine verschiedene Bedeutung oder Form hat.

Schreibe einen Umlaut (ä, ö, ü), falls nötig!

Es gibt wenigstens 20 einfache Wörter in jedem Bogen. Weitere kannst du neben die Sternchen schreiben.

1 als
2 also
3 so
4 solange
5 lang
6 an
7 Anger
8 lange
9 Länge
10 _____
11 _____
12 _____
13 _____
14 _____

15 _____
16 _____
17 _____
18 _____
19 _____
20 _____
☆ _____
☆ _____
☆ _____
☆ _____
☆ _____
☆ _____
☆ _____
☆ _____

Wortbogen

61

GEBEINERDESSENDENKELLERNE

20 Wörter oder mehr

1 _____	15 _____
2 _____	16 _____
3 _____	17 _____
4 _____	18 _____
5 _____	19 _____
6 _____	20 _____
7 _____	☆ _____
8 _____	☆ _____
9 _____	☆ _____
10 _____	☆ _____
11 _____	☆ _____
12 _____	☆ _____
13 _____	☆ _____
14 _____	☆ _____

Wortbogen

GANSEHERANDERSELBERGEBENE

20 Wörter

oder meh

1	_____	15	_____
2	_____	16	_____
3	_____	17	_____
4	_____	18	_____
5	_____	19	_____
6	_____	20	_____
7	_____	☆	_____
8	_____	☆	_____
9	_____	☆	_____
10	_____	☆	_____
11	_____	☆	_____
12	_____	☆	_____
13	_____	☆	_____
14	_____	☆	_____

Wortbogen

WARMENGELEERTRAUMSCHLAGERN

20 Wörter oder mehr

1 _____ 15 _____

2 _____ 16 _____

3 _____ 17 _____

4 _____ 18 _____

5 _____ 19 _____

6 _____ 20 _____

7 _____ ☆ _____

8 _____ ☆ _____

9 _____ ☆ _____

10 _____ ☆ _____

11 _____ ☆ _____

12 _____ ☆ _____

13 _____ ☆ _____

14 _____ ☆ _____

Wortbogen

64

M A C H T A L L E I N E U N D A N K E R L E B E N

20 Wörter oder mehr

1 _____
2 _____
3 _____
4 _____
5 _____
6 _____
7 _____
8 _____
9 _____
10 _____
11 _____
12 _____
13 _____
14 _____

15 _____
16 _____
17 _____
18 _____
19 _____
20 _____
☆ _____
☆ _____
☆ _____
☆ _____
☆ _____
☆ _____
☆ _____

Wortbogen

GRABEAMTEICHEFEUERINNEREISE

20 Wörter oder mehr

1 _____	_____
2 _____	15 _____
3 _____	16 _____
4 _____	17 _____
5 _____	18 _____
6 _____	19 _____
7 _____	20 _____
8 _____	☆ _____
9 _____	☆ _____
10 _____	☆ _____
11 _____	☆ _____
12 _____	☆ _____
13 _____	☆ _____
14 _____	☆ _____

BAUERSTUNDEN NOCHSEILEIDER

20 Wörter oder mehr

1 _____	15 _____
2 _____	16 _____
3 _____	17 _____
4 _____	18 _____
5 _____	19 _____
6 _____	20 _____
7 _____	☆ _____
8 _____	☆ _____
9 _____	☆ _____
10 _____	☆ _____
11 _____	☆ _____
12 _____	☆ _____
13 _____	☆ _____
14 _____	☆ _____

ANSWER KEY

ANAGRAMM 1

   1. SCHREIBTISCH   (DAS
   2. STUHL   KLASSEN-
   3. TAFEL   ZIMMER)
   4. SCHÜLER
   5. PAPIERKORB
   6. FAHNE
   7. LANDKARTE

ANAGRAMM 2

   1. TISCH   (DAS
   2. BILD   WOHN-
   3. TEPPICH   ZIMMER)
   4. ANRICHTE
   5. LAMPE
   6. VORHÄNGE
   7. SESSEL

ANAGRAMM 3

   1. BLEISTIFT   (LESEN UND
   2. LEHRBUCH   SCHREIBEN)
   3. HEFT
   4. FEDER
   5. PAPIER
   6. KREIDE
   7. KULI

ANAGRAMM 4

   1. BLUSE   (KLEIDER)
   2. HEMD
   3. HOSEN
   4. ROCK
   5. ANZUG
   6. SCHLIPS
   7. SCHUH

ANAGRAMM 5

   1. MONAT   (DIE
   2. DATUM   ZEIT)
   3. KALENDER
   4. ARMBANDUHR
   5. STUNDE
   6. JAHR
   7. MINUTE

ANAGRAMM 6

   1. LÖFFEL   (AUF DEM
   2. TASSE   TISCH)
   3. SERVIETTE
   4. GLAS
   5. GABEL
   6. MESSER
   7. TELLER

ANAGRAMM 7

   1. FLEISCH   (ESSEN)
   2. SUPPE
   3. TORTE
   4. KARTOFFEL
   5. SALAT
   6. OBST
   7. GEMÜSE

ANAGRAMM 8

   1. MOND   (ERDE UND
   2. SONNE   HIMMEL)
   3. LAND
   4. MEER
   5. ERDE
   6. STERN
   7. PLANET

ANAGRAMM 9

   1. KIRSCHE   (ROT)
   2. APFEL
   3. TOMATE
   4. HERZ
   5. ROSE
   6. BACKSTEIN
   7. ERDBEERE

TREPPEN 10

```
        D I E N S T A G        (TAGE
        O                       DER
S O N N T A G                   WOCHE)
        N
    F R E I T A G
S       R
A       S
M I T T W O C H
S       A
T       G
A
G
```

```
              A
            N C
          S E C H S
            U   T
        Z E H N
        W
        E I N S
    D R E I     I
              V I E R
                  B
                  E
              F Ü N F
```

(ZAHLEN: 1–10)

```
                  F
                  Ü
                  N
          N       F
          S E C H Z E H N
          U       E
        S N       H
        V I E R Z E H N
        E   E       E
        B   H   Z W Ö L F
        Z   N   W       F
        E       A
    A C H T Z E H N
    N           Z
          D R E I Z E H N
                  G
```

(ZAHLEN: 11–20)

```
    V
    I       N
    E       E       D
    R   H U N D E R T
    Z       N       E
    S I E B Z I G   I
    G       I       S
            G       S
        Z           I
        S E C H Z I G
        H       W
        N       A
                N
      F Ü N F Z I G
                I
    A C H T Z I G
```

(ZAHLEN: DURCH 10)

```
    J A N U A R
    U
    G   N O V E M B E R
    U       K
    S E P T E M B E R
    T       O
        F E B R U A R
            E   P
        M Ä R Z   R
        A       I
    J U N I   J U L I
```

(MONATE DES JAHRES)

Th + Nadja

```
                  G
                  R O T
                  A
            B R A U N     H
        G   L               E
        O R A N G E         L
        L   U   E   P       L
        D   L   U   B       B
            S I L B E R     R
            C       P       A
            H   W   U       U
            W   E   G R Ü N
            A   I
            R O S A
            Z   S
```

(FARBEN)

MrA

```
        J O A C H I M
            L           R O L F     A
            B   F       I       E   N
            H E I N R I C H   L     T
            B   R   A       H   T I L O
        F R I T Z     N       A   X   N
        U       N     Z       R
        N           D           J
    W O L F G A N G     H       Ö
        U           U   P E T E R
        D   H A N S       R   G
    G   W           T H O M A S
    E R I C H       A       A
    R   G           V       N
    D           K O N R A D
```

(NAMEN: JUNGEN)

```
        U R S E L
    L           O L G A     M
    U T E   B   T           O
    D   G E R T R U D       N
    W   B   R   E       K   I
    I   Ä   T   M       L   K
    G E R D A   B A R B A R A
    A   B       R       R
        E   K   I       A
        E L I S A B E T H   A
            R       R       N
            I       U       N
        H E L E N E   D O R A
                      E
```

(NAMEN: MÄDCHEN)

(TIERE)

Th + Nadja ✓

```
                P        E
B      KUH      F        S
Ä      A        ENTE
REH    TIGER    L
U      Z        D
LÖWE            F    H
E      O        SAU  U
L               C    C    H
A    FISCH      HUND S
F      C        W    S
FROSCH          E
E      A        I
   ELEFANT
```

(WEIHNACHTEN)

```
             T
   NIKOLAUS
          N    A
      STERN    C
  K   C     E  K
GESCHENK       K
  R   N     I  Ö
  Z   E   KRANZ
ENGEL   C   I
  U     I H G
  S     ESEL
  S     D
```

```
DIESEWE
      L
      T
   WIRD
      I
      M
   KREM
   L
   E
   INER
```

Diese Welt wird immer kleiner.

```
AUFE    EUNS
   I    T  E
   N    I  R
   ERSE    E
           S
           H
THETSSESUA
E
I
NAPFELBAUM
```

Auf einer Seite unseres Hauses
steht ein Apfelbaum.

```
G     EINB
O     T  E
E     S  R
THEI     Ü
         H
         M
TUEDRET
S
C
HERDICHTER
```

Goethe ist ein berühmter
deutscher Dichter.

```
I          ERNI
M          G  N
W          R  D
I   ENWI      I
N   R         E
T   H         B
ERFA          E
              R
              G
              E
```

Im Winter fahren wir gern
in die Berge.

```
KEINERS
      P
      I
EIWL   ELTS
M  L      O
E  A      G
I  BSSUFTU
N
F
REUNDKLAUS
```

Keiner spielt so gut Fussball
wie mein Freund Klaus.

```
JENE    USDE
   F    A  U
   R    T  T
MIUA    M  S
S       M  C
C       O  H
W       K  L
A       D  A
RZENKLE    I  N
              D
```

Jene Frau im schwarzen Kleid
kommt aus Deutschland.

```
D            I E N D
I            R     A
E            E     U
S O M M E R F      E R N
                   R
             H C I N
             T
             L
             A N G E
```

Die Sommerferien dauern
nicht lange.

```
F R E I
      T
      A
R E D G      E L T E
D     S          N
R     T          G
E I Z E      G    L
    H        N    Ü
    N        I    C
    T E B R       K
```

Freitag der dreizehnte bringt
selten Glück.

```
        L A N G E
        E     N
        R     G
        N     E
D A N K E      L Ä U F T
U                    A
R                    S
C                    S
H E I S S      K Ü C H E
    Ä          L
    T          E
    Z          I
    E S S E N
```

```
        S T E I N
        T     A
        Ü     C
        C     H
G L Ü C K      T E U E R
E                    E
I                    I
G                    M
E R S T E      T E I L E
    I          R
    L          Ä
    E          G
    N I C H T
```

```
        B Ä U M E
        R     I
        I     S
        E     E
S T O F F      N A T U R
T                    Ü
E                    B
R                    E
N Ö T I G      L E S E N
    E          E
    N          G
    A          E
    U N T E N
```

```
        S U P P E
        T     C
        A     K
        R     I
K R A N K      G R O S S
R                    T
E                    U
U                    B
Z W Ö L F      S O N N E
    A          T
    H          A
    R          M
    T R A U M
```

```
        W A R U M
        U     I
        R     T
        S     T
S T A D T      E R N S T
E                    R
C                    I
H                    T
S E H E N      L I C H T
    E          E
    B          D
    E          E
    N A T U R
```

```
        W O H I N
        O     A
        R     D
        T     E
K I S T E      L U N G E
U                    R
G                    B
E                    S
L I T E R      S O C K E
    A          A
    U          C
    C          H
    H A A R E
```

```
        V I E L E
        A           N
        T           K
        E           E
U N T E R       L E I S E
H                       T
R                       W
E                       A
N E H M E       G R U S S
        I           Ä
        N           S
        S           T
        T I N T E
```

```
        J E T Z T
        E           I
        D           S
        E           C
A D L E R       H Ö H E R
B                       E
E                       I
N                       H
D A F Ü R       P A P P E
        E           U
        G           D
        E           E
        N A G E L
```

```
        P L A T Z
        A           W
        U           E
        S           R
G U R K E       G R U N D
R                       E
E                       C
I                       K
S T U M M       F A H N E
        A           E
        L           I
        E           G
        R E I S E
```

```
        M I L C H
        A           O
        G           N
        E           I
O S T E N       G L E I S
H                       E
R                       I
E                       T
N O T E N       H Ö H L E
        E           O
        B           L
        E           L
        L Ü G E N
```

1. BROT – ROT = B
2. RASEN – NASE = R
3. KNABE – BANK = E
4. MAUS – SAU = M
5. RIESE – REIS = E
6. SAHNE – HASE = N

1. SCHAF – FACH = S
2. STEIN – NEST = I
3. MAUER – RAUM = E
4. BRÜCKEN – RÜCKEN = B
5. BEERE – REBE = E
6. KNOPF – KOPF = N

1. WAFFE – AFFE = W
2. EIMER – MEER = I
3. MOND – DOM = N
4. FELD – ELF = D
5. KISTE – SEKT = I
6. GIPFEL – PFEIL = G

1. SCHIFF – FISCH = F
2. TIGER – TEIG = R
3. AUTO – TAU = O
4. DACHS – DACH = S
5. SÄCKE – KÄSE = C
6. HAHN – AHN = H

1. SPIEGEL – SPIELE = G
2. DAUMEN – DAMEN = U
3. DRACHEN – RACHEN = D
4. BRETT – BETT = R
5. BRÄU – BÄR = U
6. BAND – BAD = N

1. GARTEN – RATEN = G
2. FAUST – SAFT = U
3. MAIS – MAI = S
4. TORTE – TORE = T
5. AHORN – HORN = A
6. VIERTEL – LEITER = V

1. KISTEN – STEIN = K
2. REIHE – HEER = I
3. STRUMPF – STUMPF = R
4. ZUCKER – KREUZ = C
5. HECKE – ECKE = H
6. GURKE – KRUG = E

1. TENNIS   (SPORT)
2. GOLF
3. FUSSBALL
4. KORBBALL
5. HANDBALL
6. KEGELN
7. FLUGBALL

als	länger	auswandern
also	er	wandern
so	Anger	Wand
solange	Gerät	Wände
an	Rat	ändern
lang	Rathaus	der
lange	Haus	ernst
Länge	aus	

gebe	des	enden
Beine	dessen	den
Bein	es	denke
Ei	essen	Enkel
bei	Essen	Kelle
in	sende	Keller
eine	senden	Elle
einer	Ende	lerne
er	ende	er
Erde		

M+A

Gans	Seher	selber
Ganse	heran	Elbe
an	her	Berg
ans	er	Berge
sehe	Rand	Erg
ehe	Rander	geben
Ehe	der	gebe
eher	anders	eben
Anseher	derselbe	Ebene

war	Engel	um
warm	Gelee	ums
Wärme	Lee	Schlag
arm	er	Umschlag
Arm	leer	lag
Arme	leert	Lager
Menge	Traum	Lage
eng	Raum	gern
Enge		

Macht	allein	danke
macht	ein	Anke (Mädchenname)
Acht	in	Anker
acht	eine	Kerl
ach	neun	er
Tal	neu	Erle
all	und	erlebe
alle	Undank	erleben
Lein	Dank	Leben
Leine	an	eben

Grab	Eiche	er
grabe	Ei	erinnere
Rabe	ich	in
ab	Hefe	inne
Beamte	Chef	inner
Amt	Efeu	Reis
am	Feuer	Eis
Teich	euer	Reise

Bau	den	Seile
baue	denn	eile
Bauer	dennoch	Eile
er	noch	leid
Aue	Ochs	leider
erst	Ochse	Eid
Stunde	sei	Eider
tun	Ei	der
und	Seil	er

NTC PUZZLE AND LANGUAGE GAME BOOKS

Multilingual Resources
Puzzles & Games in Language Teaching

Spanish
Classroom Games in Spanish
Spanish Crossword Puzzles
Spanish Verbs and Vocabulary Bingo Games
Spanish Culture Puzzles
Spanish Vocabulary Puzzles
Let's Play Games in Spanish, 1, 2

French
Jouez le jeu!
Let's Play Games in French
Classroom Games in French
French Crossword Puzzles
French Word Games
French Grammar Puzzles
French Verbs and Vocabulary Bingo Games
French Word Games for Beginners
French Culture Puzzles

German
German Crossword Puzzles
German Word Games for Beginners
Let's Play Games in German

Italian
Italian Crossword Puzzles

Japanese
Let's Play Games in Japanese

Chinese
Let's Play Games in Chinese

For further information or a current catalog, write:
National Textbook Company
a division of *NTC Publishing Group*
4255 West Touhy Avenue
Lincolnwood, Illinois 60646-1975 U.S.A.